দেশীজ **ক্রিয়েট**

আকরামের নাচের ঘুঙুর

আকরাম খানের জীবন কাহিনী

সামিরা আহমেদ
অলংকরণ: হুমায়রা কবির
অনুবাদ: রিজওয়ানা তাসনীম ও জিনাত ওয়ালী

BOK BOK BOOKS

বক বক বুকস লিমিটেড

প্রথম প্রকাশ: যুক্তরাজ্য ২০২১
বক বক বুকস লিমিটেড

এই বইয়ের সিআইপি ক্যাটালগ রেকর্ড ব্রিটিশ লাইব্রেরিতে পাওয়া যাবে।

ডিজাইনঃ ম্যাথিউ কিং

ISBN 978-1-9161084-6-2

www.bokbokbooks.co.uk

আম্মুর উদ্দেশ্যে

\- সামিরা আহমেদ

আমার পাঁচ আম্মুর জন্যে, যাদের একজনকে ছাড়াও আমি আজকে এতদূর আসতে পারতাম না

\- হুমায়রা কবির

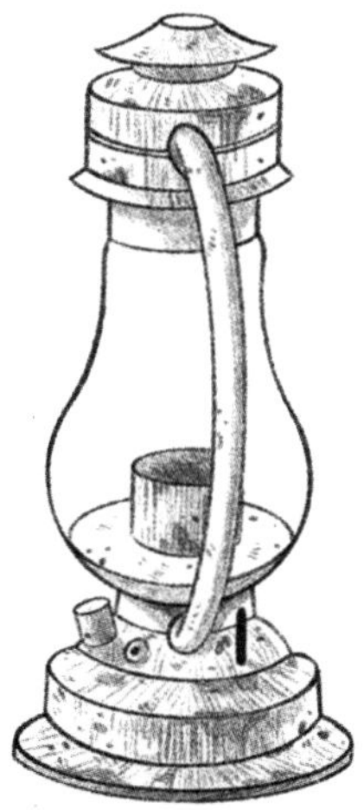

লন্ডনের এক বাংলাদেশী পরিবারে আকরামের জন্ম হয়।

ছেলেকে নিয়ে তার মা আনোয়ারা খানের অনেক স্বপ্ন ছিল। তিনি ছিলেন একজন নারীবাদী গল্পকার। বাংলাদেশের জীবনের গল্প শুনিয়ে তিনি আকরামকে বড় করেন।

আকরাম ও তার বোনকে আনোয়ারা বাংলাদেশী সংস্কৃতিতে আগ্রহী হয়ে ওঠার উৎসাহ দিতেন। তবলার তাক-ধুম ছন্দে, ও বাংলা লোককথার কাকলীতে মুখর হয়ে থাকতো তাদের বাড়ী।

ছোটবেলা থেকেই আকরাম নাচের মুদ্রা সাজিয়ে শিল্প পরিবেশনা শুরু করে। তার পরিচিতি বেড়ে ওঠে এলাকার সাংস্কৃতিক অনুষ্ঠান গুলোতে। পাড়ার খালা চাচীরা আকরামের নাচের প্রতি ভালোবাসা নিয়ে অনেক উৎসাহ দিতেন।

সাত বছর বয়সে আকরাম
কত্থক চর্চা শুরু করে।
কত্থক উত্তর ভারতের
জনপ্রিয় এক
শাস্ত্রীয় নৃত্য।

তখন থেকে পায়ের ঘুঙুর পরে আকরামের চর্চা চলে। ঘুঙুরের প্রতিটি ছোট ঘন্টার আওয়াজ আকরামের কানে এক একটি সুর হয়ে ভেসে আসে। সে সুরে জাদুবদ্ধ হয় আকরাম।

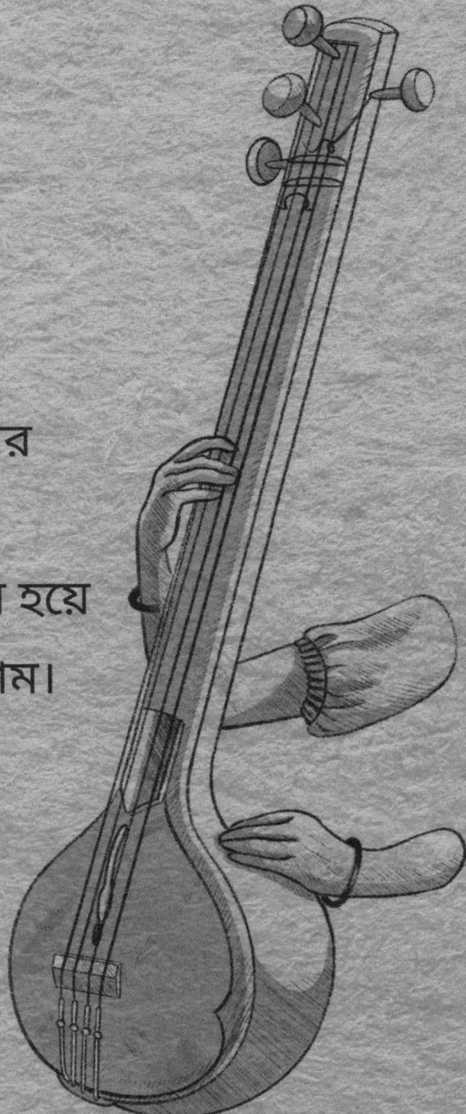

ছোটবেলা থেকেই আকরাম ছিলো অস্থির প্রকৃতির এবং প্রায়ই দুষ্টুমি ও দূর্ঘটনায় জড়িয়ে পরত।

এই চঞ্চলতা ও দুরন্ত স্বভাবের সহজ প্রকাশ ঘটেছিল তার নাচের মধ্য দিয়ে।

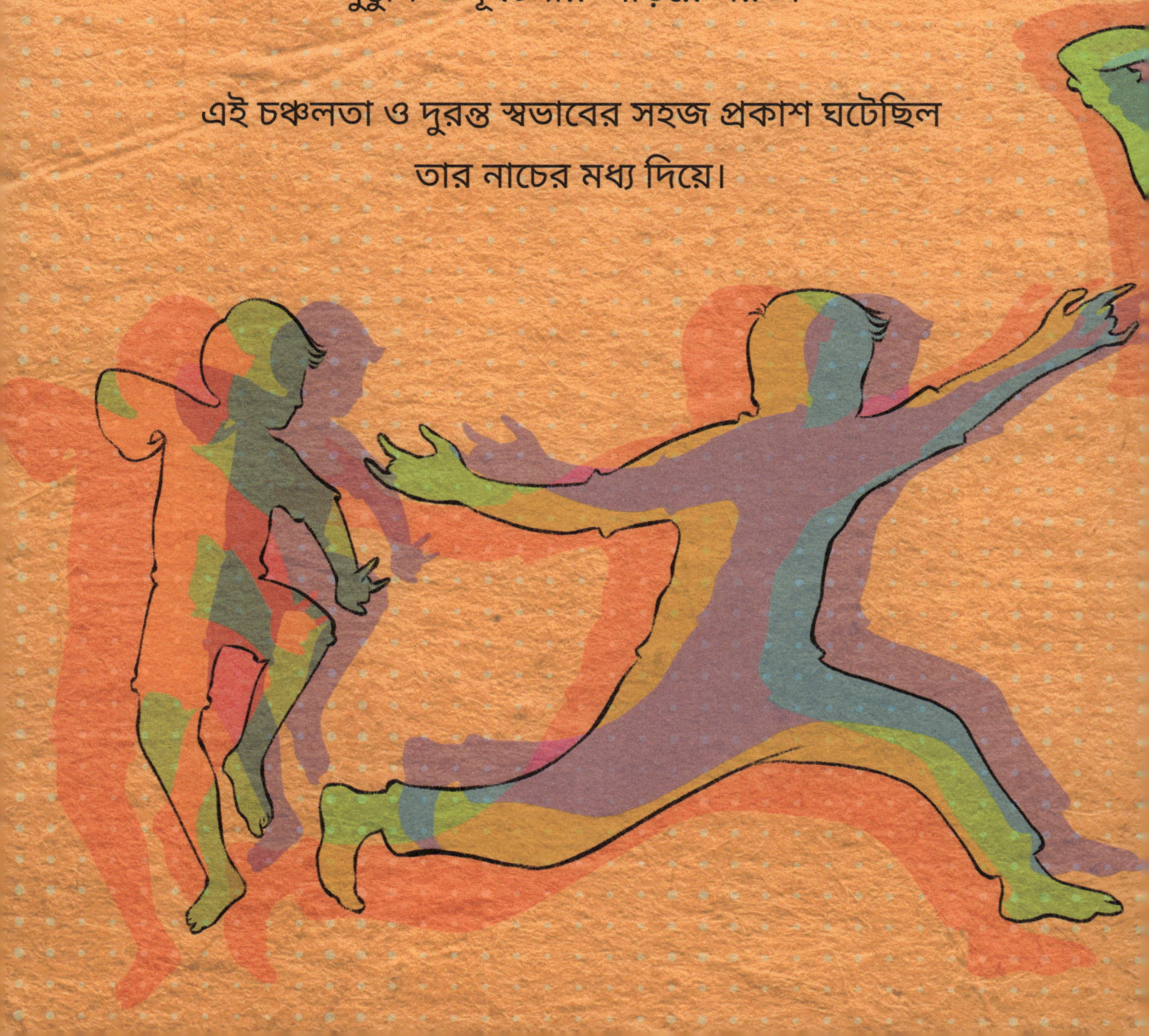

তার অনুপ্রেরণার অন্যতম একজন ছিলেন মাইকেল জ্যাকসন।
তার নাচ দেখতে দেখতে আকরাম হারিয়ে যেত এক মায়াজগতে।

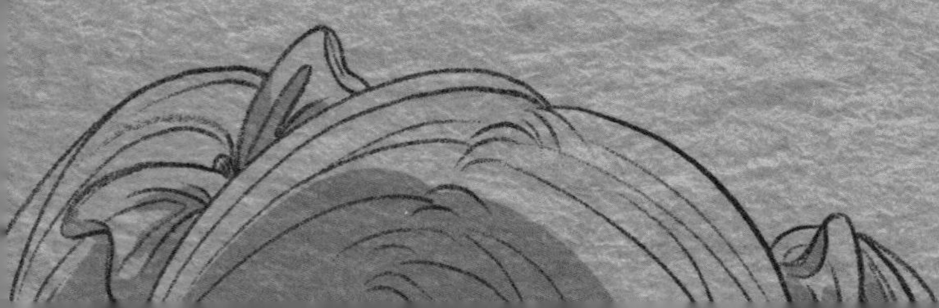

গায়ের রঙ সবার থেকে আলাদা হওয়ার কারণে লন্ডনের স্কুলে নিজেকে মানিয়ে নিতে কষ্ট হত আকরামের। নাচের প্রতি তার আগ্রহের কারণে প্রায়ই সে স্কুলের সহপাঠী ও প্রতিবেশীদের হাসি ঠাট্টার পাত্র হত।

বাড়ীতে সীমিত জায়গায় চর্চা
করতেও আকরামের কষ্ট হত। কিন্তু
সেটাও তাকে দমাতে পারেনি।

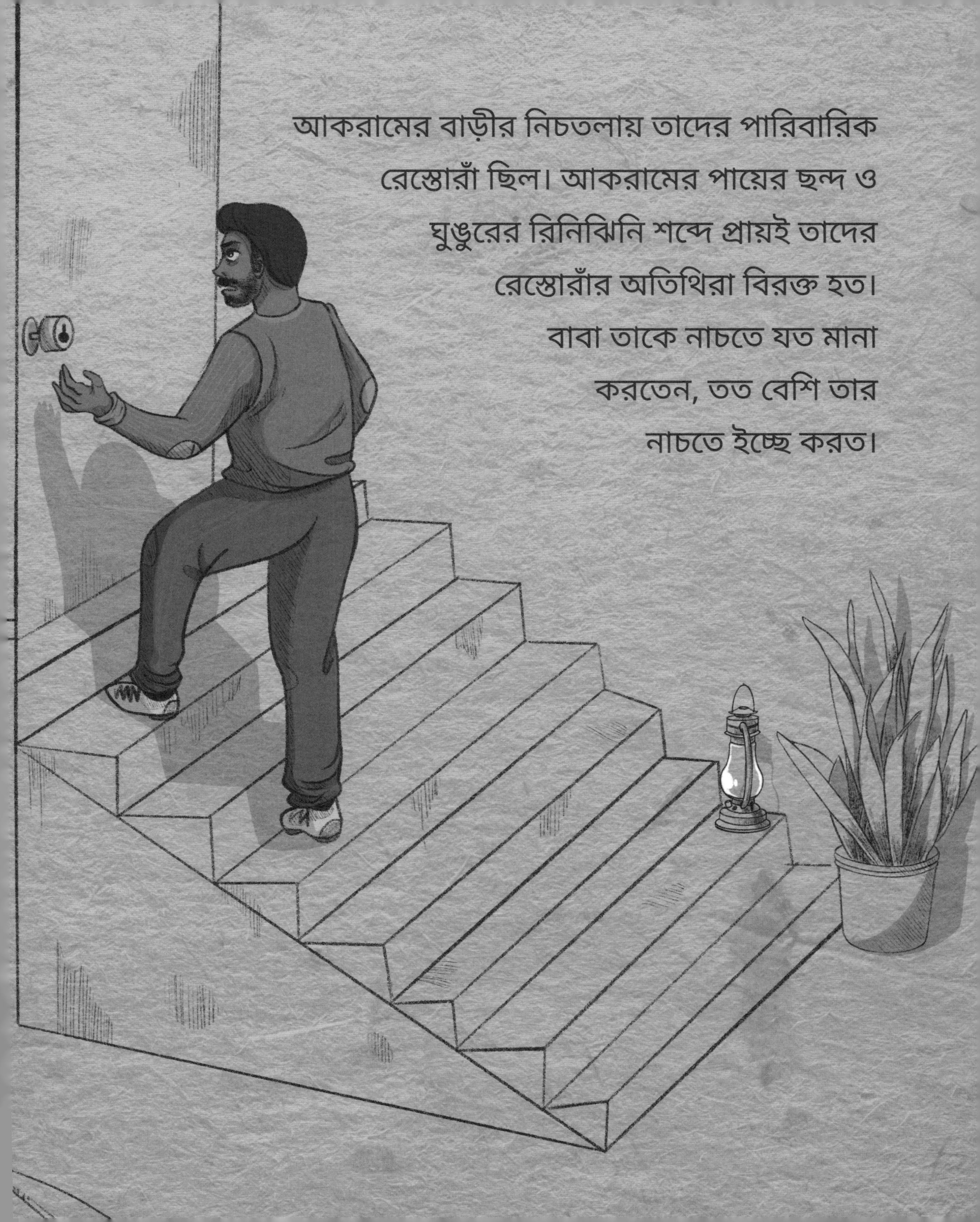

আকরামের বাড়ীর নিচতলায় তাদের পারিবারিক রেস্তোরাঁ ছিল। আকরামের পায়ের ছন্দ ও ঘুঙুরের রিনিঝিনি শব্দে প্রায়ই তাদের রেস্তোরাঁর অতিথিরা বিরক্ত হত। বাবা তাকে নাচতে যত মানা করতেন, তত বেশি তার নাচতে ইচ্ছে করত।

তেরো বছর বয়সে আকরামের জীবন এক মজার মোড় নেয় - হিন্দু মহাকাব্য ‘মহাভারত’-এর নাট্যরূপে মঞ্চে অভিনয়ের সুযোগ আসে। বিখ্যাত পরিচালক, পিটার ব্রুক, এবং রয়াল শেক্সপিয়ার কোম্পানীর সাথে বিশ্ব ভ্রমনে বের হয়ে যায় আকরাম।

দেশে ফেরার পর
আকরাম তার
সামাজিক পরিমণ্ডলে
জনপ্রিয়তা অর্জন
করে।

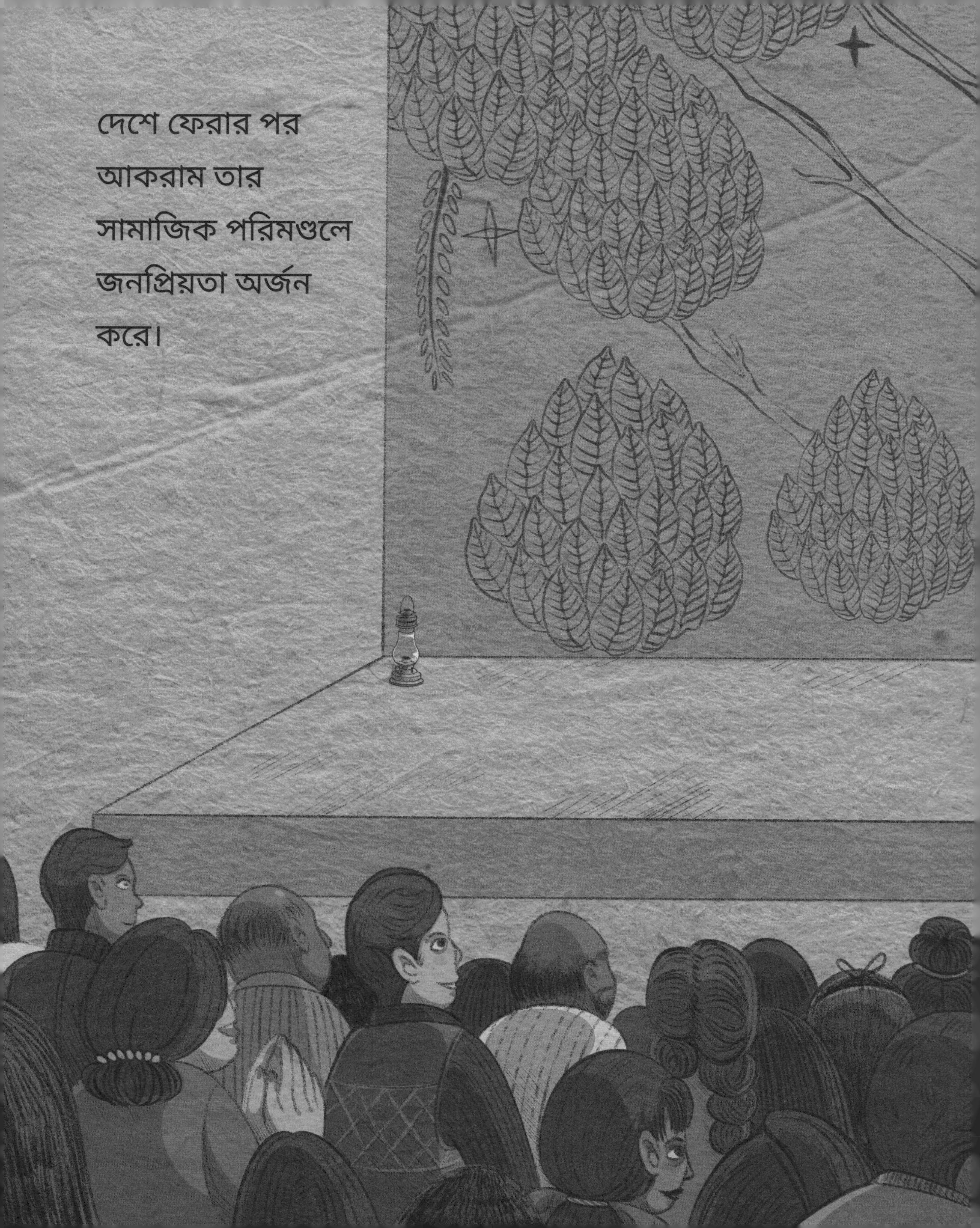

এক বছর পিটার ব্রুকের সাথে কাজ করার পর আকরামের স্বাভাবিক দৈনন্দিন জীবনে খাপ খাওয়াতে কষ্ট হয়। আকরাম পরবর্তী এক বছর স্কুল না করে বাড়ীর গ্যারেজে সময় কাটায়।

ওই সময়টিতে
আকরাম তাদের বাসার
VHS রেকর্ডার ব্যবহার
করে ভারতীয় নাচের
বিভিন্ন ধারার
চর্চা করে।

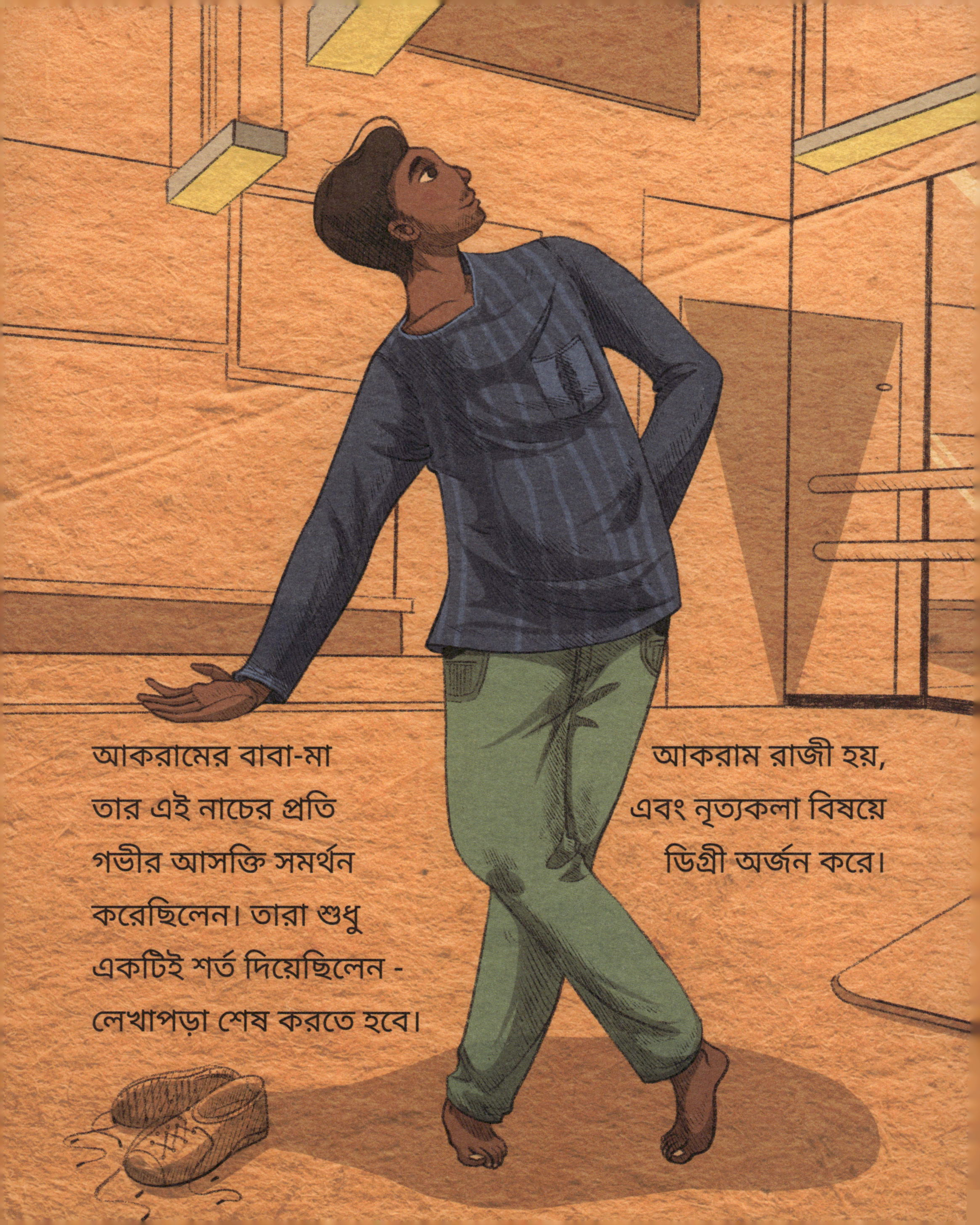

আকরামের বাবা-মা তার এই নাচের প্রতি গভীর আসক্তি সমর্থন করেছিলেন। তারা শুধু একটিই শর্ত দিয়েছিলেন - লেখাপড়া শেষ করতে হবে।

আকরাম রাজী হয়, এবং নৃত্যকলা বিষয়ে ডিগ্রী অর্জন করে।

MILA

নৃত্যকলা বিষয়ক লেখাপড়া তাকে শিল্প প্রতিভার সম্পূর্ণ বিকাশে সহায়তা করে। কত্থকের সাথে সমসাময়িক নাচের ধরন মিলিয়ে সে নিজের বিশিষ্ট একটি নৃত্যধারা তৈরি করে।

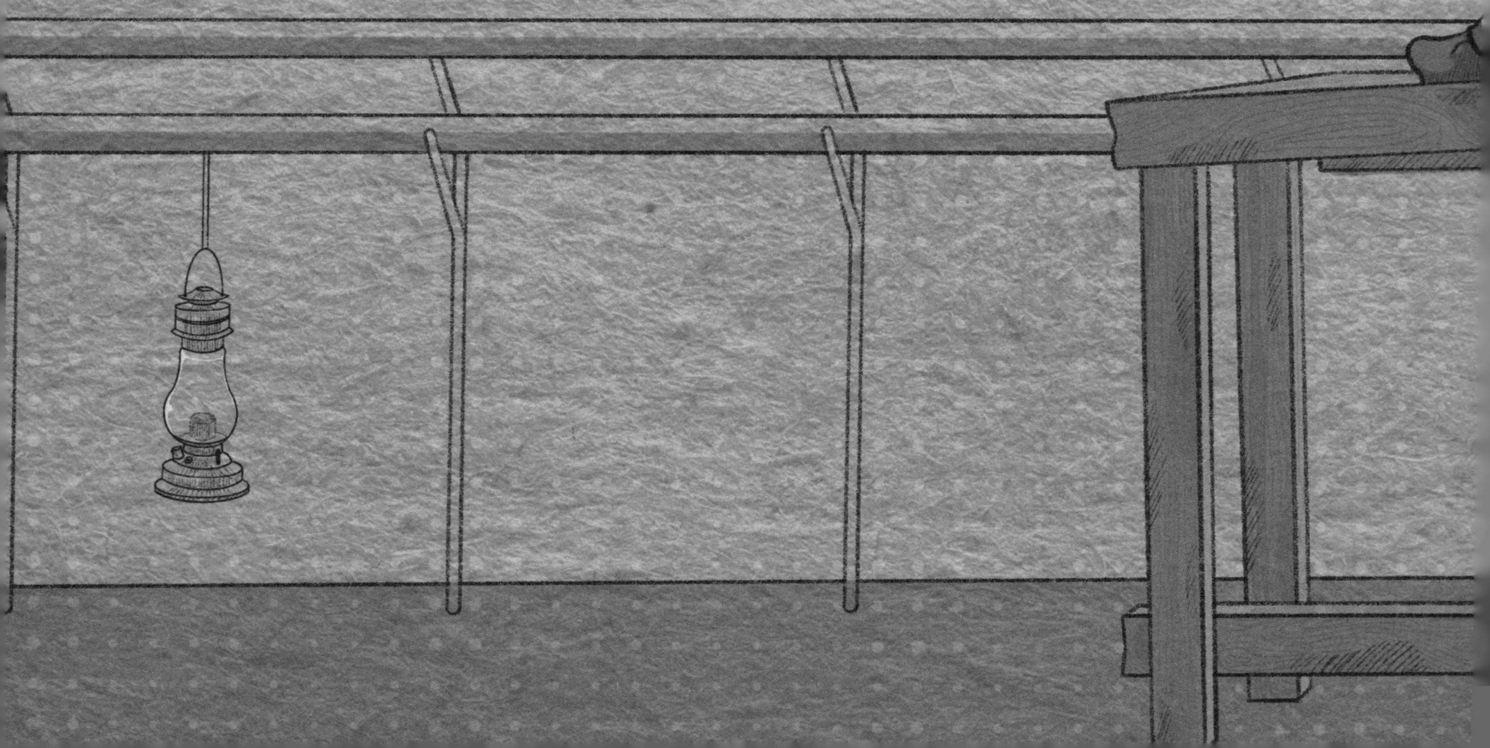

নিজের শিল্পের মধ্যে নিজেকে পুরোপুরি ডুবিয়ে দিতে পারাই আকরামকে প্রশান্তি দেয়।

২০০০ সালে আকরাম খান কোম্পানী প্রতিষ্ঠিত হয়। আকরাম খান বর্তমান সময়ের একজন অন্যতম সফল শিল্প পরিচালক এবং কোরিওগ্রাফার।

তিনি পৃথিবীর বিভিন্ন দেশে তার নাচ পরিবেশন করেছেন।

আকরামের নাচের ঘুঙুর

বাংলাদেশের স্বাধীনতা যুদ্ধের মাত্র তিন বছর পর, ১৯৭৪ সালে যুক্তরাজ্যে আকরাম খানের জন্ম হয়। তার মা আনোয়ারা খান যুদ্ধের সময় পার করেন বাংলাদেশে। তিনি অত্যন্ত যত্নশীল ছিলেন ছেলে ও মেয়ের অন্তরে বাংলাদেশী ঐতিহ্যের প্রতি ভালোবাসার সঞ্চারণ করতে। আকরাম ও তার বোন হয়ে যায় তাদের মায়ের স্বর্ণ সংস্কৃতির 'জীবন্ত জাদুঘর'। বাংলা লোককথা, নৃত্য-গীত, এবং বাংলাদেশের মুক্তিযুদ্ধের গল্প আকরামের শৈশবের অবিচ্ছিন্ন অংশ ছিল এবং পরবর্তীতে তার শিল্প পরিবেশনায় তা বিমূর্ত হয়।

তিনি নৃত্যশিল্পী হয়ে ঘুঙুরের বাদনে, অঙ্গের ভঙ্গিমায় দর্শকদের গল্প শোনান। ঘুঙুরের প্রতিটি ঘন্টার স্বকীয় স্বর আছে, যা নিজের মতো করে শ্রোতাদের কানে সুর ও ছন্দের বাণী পৌঁছে দেয়। আকরাম প্রতি পায়ের ঘুঙুরে একশো ঊনপঞ্চাশটি করে ঘন্টা পরেন। দেহের ছন্দে ও ঘন্টার স্বরে তিনি তার জীবনের গল্প তুলে ধরেন।

আকরাম খান কোম্পানীর ছোটদের জন্য প্রযোজনাঃ

ছোট্ট দেশ

ছোট্ট দেশ একটি আকর্ষণীয় নৃত্য প্রযোজনা, যাতে প্রকাশিত হয়েছে একজন যুবকের ব্রিটেন ও বাংলাদেশ জড়িত স্বপ্ন ও স্মৃতি।

ছোট্ট জেনোস

ছোট্ট জেনোস প্রথম বিশ্বযুদ্ধের ঔপনিবেশিক সৈন্যদের অব্যক্ত গল্পগুলি তুলে ধরেছে, আলোকপাত করেছে আমাদের বর্তমান এবং ভবিষ্যতের উপর।

এটি একটি বিশেষ ধরনের বাতি যাকে বলা হয় হ্যারিকেন বাতি। এই বাতি বাংলাদেশে ব্যাবহার করা হয়। প্রতি পাতায় খুঁজে পেয়েছ?

আকরাম খানের একক পরিবেশনা ‘দেশ’- এ তিনি এই হ্যারিকেন বাতি নিয়ে আসেন দর্শকদের সামনে।

দেশীজ **ক্রিয়েট**

সিরিজে আরও পাবেনঃ

রানার রঙ-খেলা

রানা বেগমের জীবন কাহিনী

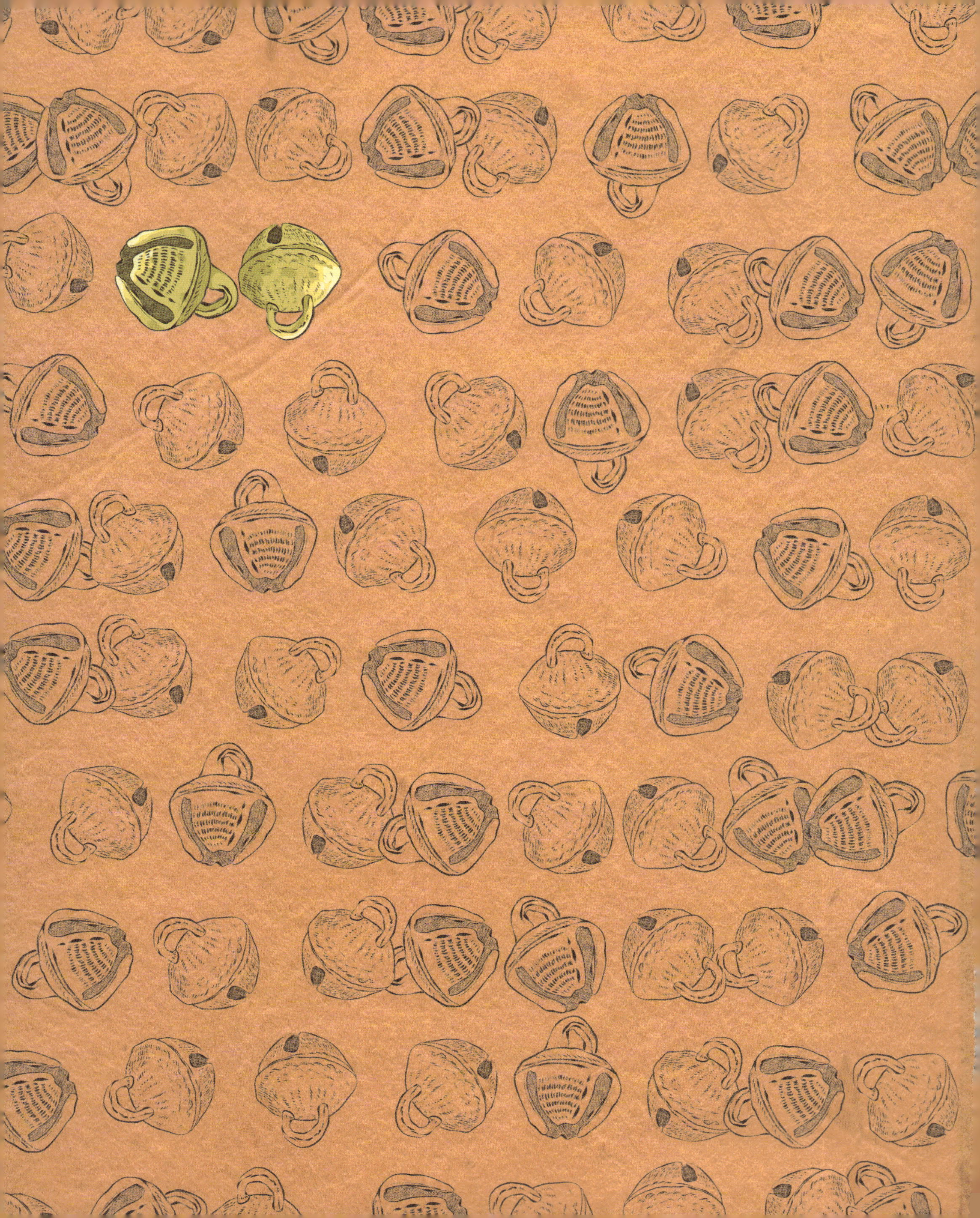